C TON MONDE

Dire non à la violence

Emmanuel Vaillant

MiLAN

© 2011 Éditions Milan

300, rue Léon-Joulin, 31101 Toulouse Cedex 9 – France

Droits de traduction et de reproduction réservés pour tous les pays.

Toute reproduction, même partielle, de cet ouvrage est interdite.

Une copie ou reproduction par quelque procédé que ce soit,

photographie, microfilm, bande magnétique, disque ou autre,

constitue une contrefaçon passible des peines prévues par la loi

du 11 mars 1957 sur la protection des droits d'auteur.

Loi 49.956 du 16 juillet 1949 sur les publications destinées à la jeunesse.

Dépôt légal : 3e trimestre 2011

ISBN : 978-2-7459-4891-5

Imprimé en France par Pollina - L58130B

Sommaire

Faire face à la violence

Histoires au quotidien

Un soir, dans la banlieue parisienne, Jonathan, 15 ans, sort de chez lui avec le vélo tout neuf que ses parents lui ont offert la veille. À quelques centaines de mètres de son domicile, une bande de jeunes l'arrête et cherche à lui voler son vélo. Il se défend. Une bagarre éclate. Jonathan s'en sort avec un traumatisme crânien et un bras cassé.

Un jour, à Téhéran, Neda, une jeune femme de 26 ans, participe comme des dizaines de milliers d'Iraniens à l'une des nombreuses manifestations qui ont éclaté après les résultats contestés de l'élection présidentielle. Des membres d'une milice paramilitaire tirent sur la foule. Neda est touchée en plein cœur. Elle meurt devant la caméra de l'un des manifestants et devient le symbole d'une révolution iranienne assassinée.

Faire violence à la violence

À plusieurs milliers de kilomètres l'une de l'autre, dans des circonstances incomparables, ces deux histoires témoignent toutes deux d'un même drame : la violence, celle qui blesse ou qui tue, celle qui consiste en fin de compte à nier l'existence de l'autre. Le phénomène n'est évidemment pas nouveau. Mais de nos jours, nous y sommes très sensibilisés. Or la violence est un phénomène complexe qui suscite des réactions parfois irréfléchies. Lutter contre elle impose d'abord de lutter contre l'ignorance et les peurs qui entretiennent ce mal. Pourquoi ? Tout simplement parce que l'humanité commence là où cesse le règne exclusif de la violence.

Un livre pour t'aider

Ce livre est là pour t'aider à mieux comprendre un phénomène compliqué. Il se divise en trois parties. La première partie t'apporte des définitions et des éclairages sur un problème qui n'est simple qu'en apparence. La deuxième partie expose et illustre les différentes formes de violence qui frappent dans le monde, dans la rue, à la maison, ou à travers des images. Enfin, la troisième partie te propose des pistes pour t'aider à lutter contre la violence, en t'apportant des exemples concrets et quelques conseils.

C'est **quoi** la **violence**?

La violence est une force exercée sur une personne contre sa volonté pour porter atteinte à son identité, à ses droits, à son corps ou à sa vie.

À la sortie de l'école, à l'abri des regards, certains s'en prennent à de plus jeunes qu'eux et usent de violence, par exemple pour les racketter.

Tout n'est pas violence

Une bagarre, une agression, des coups, un **viol**, une guerre... *a priori*, tout le monde est capable de donner un exemple de ce qui est violent. Et pourtant, si elle est facile à montrer du doigt, la violence est difficile à définir. Où commence-t-elle? Où finit-elle? Se battre sur un ring de boxe, est-ce la même violence que se battre dans la rue? Est-ce que se mettre en colère est forcément un comportement violent? Pas sûr.

Une intention volontaire

L'erreur serait de dire que la violence désigne tout ce qui n'est pas calme. S'énerver, dire une grossièreté, ou montrer de l'agacement, cela arrive à tout le monde. C'est même quelquefois nécessaire pour s'affirmer face aux autres. En revanche, crier ou bousculer quelqu'un dans l'intention de le blesser physiquement ou psychiquement, c'est être violent. Car dans la violence il y a une volonté, même inconsciente, de faire mal.

Quand le dialogue devient impossible...

Les conflits sont parfois au centre de nos relations avec les autres, comme, par exemple, pour dire à quelqu'un qu'on n'est pas d'accord. Chacun a des opinions qu'il a le droit de défendre avec force. Le conflit fait partie de la vie ; il lui donne même souvent sa saveur. Ce n'est pas le conflit qui fait la violence. Mais c'est à partir du moment où tout dialogue devient impossible que le conflit peut se transformer en violence.

Une force qui mise sur la faiblesse de l'autre

La violence est un moyen d'obtenir quelque chose en ne s'appuyant pas seulement sur sa force, mais sur la faiblesse de l'autre, sans respect, ni règle. Par exemple, il est plus facile d'attaquer une personne sans défense pour la voler que de travailler pour gagner de l'argent. Mais la force n'est pas synonyme de violence. Ainsi, dans le sport, les athlètes se battent avec force les uns contre les autres sous le contrôle d'un arbitre. Il y a des règles qui interdisent la violence.

On ne naît pas violent, on le devient
Les scientifiques se sont longtemps demandés si le comportement violent de certains êtres humains pouvait avoir une origine biologique. La réponse est non. La violence n'est pas inscrite dans les gènes. Elle dépend plutôt de l'environnement, de l'éducation et de toutes sortes de circonstances personnelles.

La boxe : un combat, des coups de poing... pour autant, est-ce de la violence ?

DICO

Viol : acte de violence par lequel un être humain impose des relations sexuelles à une autre personne contre sa volonté.

Un mot pour plusieurs maux

Il n'existe pas une violence mais des violences. Celles-ci s'expriment par des gestes, des armes, des mots, des comportements ou des situations souvent évidentes, mais aussi parfois invisibles.

Passage à l'acte

La violence la plus flagrante est celle qui touche au corps en le blessant, en le marquant, parfois jusqu'à la mort. Du coup de poing envoyé dans une cour d'école jusqu'au bombardement aérien qui fait des milliers de victimes en passant par un **viol**, l'échelle des violences physiques est immense. Parce qu'elle est aussi clairement identifiable, cette forme de violence peut, *a priori*, être facilement dénoncée et stoppée.

En août 2010 à Bagdad, en Irak, des terroristes commettent plusieurs attentats à la bombe, qui visent surtout la police.

Des mots qui frappent

Comme une arme blesse les corps, une parole peut tout aussi bien blesser les esprits. La violence verbale est courante. Traiter un juif de « sale juif », un Arabe

de « bougnoule », un Africain de « nègre » ou encore un homosexuel de « pédé », voilà autant d'insultes **racistes** ou discriminatoires, qui ont en commun d'être violentes et qui sont donc à condamner.

Des attitudes qui blessent

Par des menaces, des intimidations ou des humiliations, la violence peut aussi être psychologique. Les exemples sont nombreux : à l'école, un aîné qui **rackette** un plus petit ; dans la rue, un homme qui **harcèle** une femme en lui faisant des avances grossières ; dans l'entreprise, un supérieur hiérarchique qui met une très forte pression sur les salariés au point qu'ils se sentent humiliés... Souvent, ce type de violence est difficile à dénoncer car les preuves sont compliquées à réunir.

Des situations qui ruinent

Moins visibles encore sont les violences que peuvent entraîner les situations de misère, d'injustice, d'inégalité et d'exclusion. Par exemple, une personne qui perd son travail, qui n'a plus ni ressources, ni logement, ni amis, subit une véritable violence, certes silencieuse mais pas moins douloureuse. C'est sans doute là la forme de violence la plus délicate à éliminer, car ses origines sont multiples et difficiles à identifier.

Personne sans domicile fixe : une violence cachée.

La loi face à la violence

Crime, **homicide, délit,** *racket*, vol, injure, coups et blessures, harcèlement... Quelle que soit sa forme (verbale, physique ou psychologique), tout acte de violence tombe toujours sous le coup de la loi, qui est censée protéger chaque citoyen.

DICO

Délit : acte interdit par la loi.

Harcèlement : attaque physique ou psychologique de façon répétée et incessante.

Homicide : crime sur un être humain.

Racisme : attitude de haine et de rejet par rapport à celui qui est différent de soi.

Racket : action de menacer quelqu'un pour le voler, par exemple à l'école.

Viol : voir définition p. 9.

11

Un monde entre guerres et paix

L'histoire des guerres se confond souvent avec l'histoire du monde.

La guerre au cœur de l'histoire

Pour conquérir ou protéger un territoire, pour libérer ou opprimer des populations, les conflits armés ont partout, et de tout temps, marqué les sociétés. Durant le XIXe et le XXe siècle, plus de 88 millions de soldats sont morts, dont la moitié en Europe. Et c'est sans compter les **civils**. Par exemple, l'extermination, pendant la Seconde Guerre mondiale, de six millions de Juifs et de tsiganes a témoigné de la folie guerrière des hommes.

Moins de guerres, plus de victimes

De nos jours, les guerres sont bien moins nombreuses que par le passé. Mais elles sont plus meurtrières. Elles touchent plus souvent les civils et les armes utilisées sont beaucoup plus destructrices. De l'arbalète en passant par le canon à boulet jusqu'au char d'assaut ou au missile guidé par laser, les moyens de destruction ont infiniment gagné en puissance.

Pour libérer entièrement l'Europe de la domination de l'Allemagne nazie à la fin de la Seconde Guerre mondiale, il faut faire la guerre jusqu'au bout. Ici, l'infanterie française avance dans les tranchées (1945).

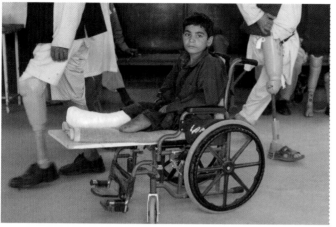

Un enfant afghan blessé par une mine est soigné à la Croix-Rouge (Kaboul, 2007).

 **Les mines :
l'arme des lâches**
Depuis 1975, les mines antipersonnel ont fait plus d'un million de victimes, dont beaucoup d'enfants, tués ou blessés, souvent handicapés à vie. Les campagnes de sensibilisation pour interdire la fabrication et l'usage de ces armes ont permis de faire baisser le nombre des victimes.

Ici la paix, ailleurs les massacres

Les pays ne sont pas égaux devant le risque de guerre. Certains sont épargnés, comme la France et les pays de l'Union européenne qui n'ont pas connu de conflits sur leur territoire depuis 1945. Les pays démocratiques les plus développés vivent souvent en paix. Ce n'est pas le cas de certains États en Afrique, comme la Somalie et l'Angola, en Asie (l'Afghanistan), au Proche et au Moyen-Orient (l'Irak), mais aussi en Israël et en Palestine.

Vers quel monde pacifié ?

En 2011, une trentaine de conflits entre États et de **guerres civiles** se déroulent sur la planète. Pour les limiter et favoriser la paix entre les pays, la communauté internationale cherche à être le « gendarme du monde », notamment à travers les décisions et les actions de l'Organisation des Nations unies (ONU). Des interventions militaires sont parfois engagées pour faire cesser des conflits, avec plus ou moins de succès. Ce fut le cas en 1998 au Kosovo et en 2011 en Libye.

DiCO

Civils : ensemble des hommes, des femmes et des enfants qui ne sont pas des militaires.

Guerre civile : conflit armé qui oppose des populations civiles appartenant à un même pays.

De la politique par les armes

Au nom d'une cause, d'un idéal politique, aussi juste soit-il, les hommes ont souvent recours à la violence.

Ces violences politiques qui ont changé la face du monde...

De nombreux conflits armés et certaines révolutions ont apporté des changements importants en faveur des droits de l'homme. La guerre de Sécession a permis d'abolir l'esclavage aux États-Unis en 1865. La révolution de 1789, qui s'est déroulée dans la terreur et a fait des milliers de morts, a contribué à faire évoluer la société française en apportant plus de liberté.

Morts pour des idées

Mais combien de victimes, au nom de cette fameuse liberté? Plusieurs millions au fil des siècles. En France, par exemple, les résistants qui luttaient contre l'occupation par l'Allemagne nazie n'ont pas hésité à faire sauter des trains, à tuer ou à mourir. Aujourd'hui, dans le conflit entre Israéliens et Palestiniens, des centaines de personnes, dont des enfants, se font tuer pour défendre chacun un territoire et le droit de vivre.

Une alternative à la violence

Or des hommes et des femmes ont montré qu'il était possible de défendre des idées justes et de lutter

Manifestation nationaliste à Ajaccio, en Corse, en avril 2005.

 L'Irlande du Nord, la paix après 70 ans de conflits

La **guerre civile** entre protestants, soutenus par l'armée britannique, et catholiques, défendus par une armée clandestine, l'IRA, ravageait l'Irlande du Nord depuis 1921. Ce n'est qu'à partir de 1995 que des négociations ont enfin permis de rétablir une paix durable.

Des manifestations ont eu lieu au Caire (Égypte) en avril 2011 contre le pouvoir en place. Elles étaient si pacifiques que même des enfants ont pu y participer.

contre l'oppression en limitant le recours à la violence. Le plus bel exemple récent est celui des « révolutions arabes » qui se sont déroulées au début de l'année 2011. En Tunisie puis en Égypte, les manifestations de rue ont réussi à renverser les dictateurs de ces pays, avant d'engager un processus démocratique.

Les démocraties face au terrorisme

Aucun pays n'est à l'abri des violences politiques. Quelques organisations politiques utilisent encore la violence pour faire entendre leurs revendications. C'est le cas de certains nationalistes basques en Espagne ou corses en France qui tuent et posent des bombes pour défendre leur volonté d'indépendance. Ces violences sont d'autant plus à condamner qu'elles se produisent dans des pays démocratiques qui garantissent la **liberté d'expression**.

DICO

Guerre civile : voir définition p. 13.

Liberté d'expression : droit fondamental, inscrit dans la Déclaration universelle des droits de l'homme de 1948, d'exprimer librement son opinion dans les limites du respect de la loi.

La violence qui fait l'insécurité

Dans nos sociétés où la criminalité est la forme la plus visible de la violence, le sentiment d'insécurité est très fort.

Une société moins criminelle

Beaucoup de discours sur la violence se concentrent aujourd'hui sur la criminalité qui serait en hausse. Comme si, en France, ou ailleurs, il y avait plus de crimes, de vols et, de manière générale, d'insécurité. Cette vision alarmiste est fausse. Sur le long terme, contrairement aux idées reçues, nos sociétés sont bien moins dangereuses que par le passé.

Des mœurs plus civilisées...

Au Moyen Âge, les seigneurs avaient droit de vie ou de mort sur leurs serfs. Durant des siècles, les brigands de grands chemins rendaient tout déplacement d'une ville à l'autre extrêmement périlleux. En fait, entre le début du XVIIIe et la fin du XXe siècle, le nombre d'**homicides** en France a été divisé par trois. À de rares exceptions près, la criminalité a partout baissé au fil des siècles.

La lutte contre l'insécurité est faite de répression (lorsque le délit a été commis), mais aussi de prévention. Celle-ci a pour but d'empêcher les actes criminels de se produire.

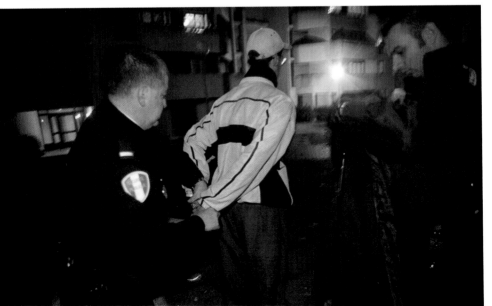

... malgré une délinquance qui perdure...

Même s'il y a moins de violences aujourd'hui, le besoin de sécurité est un droit fondamental. En 2010, environ 3,6 millions de crimes et **délits** ont eu lieu en France, autant qu'en 2000. Parmi eux, on compte 52 % de vols, 11 % d'infractions économiques et financières, 12 % d'atteintes aux personnes et 25 % d'autres infractions (notamment les stupéfiants, c'est-à-dire les drogues, et les dégradations de biens). La délinquance est très diverse, du simple vol de voiture au meurtre, du petit cambriolage au viol.

... et qui reste intolérable

Toutes les formes de criminalité sont à condamner. En France, par exemple, un millier de jeunes adolescents sont impliqués chaque année dans des affaires d'agressions sexuelles ou de viols, un chiffre en hausse de 50 % en 10 ans. Aux États-Unis, les armes à feu seraient responsables d'environ 30 000 décès chaque année (dont 55 % de suicides et 41 % de meurtres). Ou encore au Mexique, les règlements de comptes entre les trafiquants de drogue ont fait près de 17 000 morts en 2010.

 La peine de mort : une violence sur la violence

Supprimée en France en 1981, la peine de mort est encore appliquée dans 58 pays. En 2009, 18 d'entre eux, dont la Chine, l'Iran, l'Irak et l'Arabie Saoudite en tête, ont procédé a des exécutions. Les États-Unis sont l'un des derniers pays démocratiques à autoriser ce châtiment suprême.

Insécurité ou sentiment d'insécurité

L'insécurité est un problème à prendre au sérieux. Cependant, elle n'est pas directement liée au niveau réel de la criminalité. Si, aujourd'hui, le sentiment d'insécurité augmente – alors que la criminalité diminue –, c'est que la sensibilité à toute forme de violence est plus forte qu'avant.

Dico

Délit : voir définition p. 11.

Homicide : voir définition p. 11.

Des **violences** dans la **ville**

La violence dite « urbaine » est un phénomène récent.
Il met souvent en cause des jeunes vivant dans des quartiers
défavorisés et en mal d'insertion dans la société.

Alors que des étudiants et des lycéens défilent pacifiquement à Paris en mars 2006, des violences éclatent parfois en marge des cortèges.

Un problème de la ville

Bagarres, saccages de magasins, voitures volées ou brûlées, et parfois même affrontements directs avec la police... Toutes les grandes villes et leurs périphéries sont concernées par les violences en milieu urbain, où la population se concentre de plus en plus. Elles touchent avant tout les quartiers les plus défavorisés.

Les « autorités » pour cibles

Les institutions et les représentants d'une autorité au sens large en sont souvent les cibles : policiers, mais aussi pompiers, chauffeurs de bus, enseignants... Mais attention de ne pas dresser un tableau catastrophique de ce phénomène. Ces violences prennent des formes très diverses, qui vont des incivilités (insultes, dégradations...) aux coups et blessures.

L'école en ligne de mire

L'école n'échappe pas à ces violences. Pas moins de 40 % des violences entre jeunes ont lieu dans l'enceinte de l'école : **racket**, insultes, vols, ou agressions physiques... Durant l'année scolaire 2009/2010, les chefs d'établissements des collèges et des lycées ont déclaré 11,2 incidents graves pour 1 000 élèves. Ce chiffre est stable depuis plusieurs années et près de la moitié de ces violences se concentrent sur 10 % des établissements. De plus, la part des violences verbales a augmenté alors que celle des violences physiques a diminué.

Sanctionner et prévenir

Les violences urbaines sont le plus souvent le fait de jeunes qui n'ont plus de repères. Ils subissent la crise économique (chômage, misère...) et beaucoup s'estiment rejetés par la société. Si leur brutalité est à sanctionner, elle peut s'expliquer : elle est une réponse à une autre forme de violence plus insidieuse, celle d'une société incapable de les aider à construire un avenir.

Face à la délinquance des mineurs

La multiplication d'actes de délinquance commis par des mineurs est un phénomène récent, qui représente environ 18 % de la délinquance en général. Or les sanctions accrues contre ces jeunes n'ont pas fait baisser ce chiffre, parce qu'elles ne traitent pas les causes : misère sociale, drames familiaux, troubles psychologiques.

La violence scolaire en chiffres

C'est le point noir de l'école : les 3 / 4 des violences scolaires sont des atteintes aux personnes, notamment des violences verbales (38 %) et physiques (30 %). Suivent les atteintes aux biens, c'est-à-dire les vols et les dégradations de matériel (14 %), et les atteintes à la sécurité (10 %), c'est-à-dire consommation ou trafic de stupéfiants, port d'armes, intrusions...

Dico

Racket : voir définition p. 11.

Violences **privées,** violences cachées

Plus de 120 000 personnes, en France, sont victimes de violences au sein de leur famille. Longtemps resté tabou, ce phénomène est enfin révélé.

Des maux sans mots

Les enfants et les femmes sont les principales victimes de ces violences. Les uns maltraités par leurs parents, les autres battues par leur mari, tous ont en commun d'être faibles et sans défense face à leur bourreau. Et, comme les auteurs de ces **maltraitances** sont des proches qui agissent au sein même du foyer familial, elles sont souvent cachées et difficiles à dénoncer.

Des enfances meurtries

En France, selon l'Observatoire national de l'enfance en danger, en 2007, pas moins de 98 000 enfants étaient déclarés en danger ou risquant de l'être, c'est-à-dire « vivant dans des conditions d'existence qui menacent leur santé et leur sécurité ». Parmi eux, environ 19 000 ont effectivement subi des **sévices** : coups, **viols** ou négligences graves. Ces violences touchent les enfants dans le monde entier.

Des femmes victimes

Les violences faites aux femmes sont un phénomène qui est longtemps resté méconnu ou a été sous-évalué. Or, le Fonds des Nations unies pour la population estime, en 2011, qu'une femme sur trois, au niveau planétaire, a déjà été battue, contrainte à avoir des rapports sexuels ou maltraitée. En France, les femmes ne sont pas épargnées par ces violences qui se produisent le plus souvent au sein du couple : une femme meurt tous les 3 jours de **violences conjugales**.

Vers la fin d'un tabou

Les raisons qui amènent des adultes à maltraiter leur femme ou leurs enfants sont connues : la solitude, l'alcool et la dépression. Toutes les catégories sociales sont concernées, des plus riches aux plus démunies. Mais si, de nos jours, ces violences familiales semblent plus nombreuses que par le passé, ce n'est pas parce que les comportements violents sont plus fréquents. C'est plutôt parce que ces phénomènes sont enfin mis au jour et plus souvent dénoncés qu'avant.

Sanctionner sans haine

Quelles que soient les violences subies, en dénonçant un proche (un père, une mère, un mari...), la victime a souvent le sentiment de le trahir. C'est pourquoi il faut sanctionner avec force, mais sans haine. Et soigner. Car ceux qui violentent leur femme ou leurs enfants sont malades.

DICO

Maltraitance : brutalité, brimade, agression exercée en général sur plus faible que soi.

Sévices : mauvais traitements corporels exercés sur quelqu'un.

Viol : voir définition p. 9.

Violence conjugale : violence au sein d'un couple entre un homme et une femme, et plus rarement au sein d'un couple homosexuel.

Le choc des images

La violence est partout présente sur nos écrans et dans les médias en général. Faut-il en avoir peur ?

De plus en plus d'hémoglobine

À moins de vivre dans un pays en guerre, la plupart d'entre nous ne connaissons la violence que par écran interposé. Film d'action, jeu vidéo, journal télévisé, vidéo sur Internet... nous ne vivons le plus souvent les meurtres (heureusement!) qu'en tant que spectateur. Or, si de telles effusions de sang existent depuis longtemps dans la fiction, elles sont de plus en plus fréquentes.

À la vie comme à la télé ou sur Internet ?

Une étude montre qu'à la fin de leurs études primaires, les enfants américains auront vu à la télévision 8 000 meurtres et 100 000 actes violents, notamment dans les dessins animés... La télévision mais aussi Internet véhiculent des photos, des vidéos ou des textes violents qui peuvent être traumatisants. Parfois, des jeunes s'inspirent même de scènes de films ultra-violents pour commettre des crimes. Comme s'ils confondaient la fiction et la réalité!

Les jeux vidéo violents ont-ils des effets sur les comportements des joueurs ?

Cette image d'enfant, soigné pour malnutrition pendant la famine au Niger, pourrait être montrée au journal télévisé pour alerter (2010).

Le rôle des parents

Cependant, aucune étude sérieuse n'a pu établir que l'augmentation de la violence sociale trouvait son origine dans la multiplication des scènes violentes à la télévision. En fait, tout dépend du programme dans lequel ces scènes sont insérées. Et aussi du contexte dans lequel vit l'enfant. La présence des parents et l'éducation qu'ils donnent limitent leur impact, notamment en expliquant les violences gratuites et en aidant à faire la distinction entre le réel et la fiction. De même, si Internet est un espace formidable d'échanges et de découvertes, il peut aussi véhiculer beaucoup de violence. Là encore un contrôle et un accompagnement par les parents sont indispensables.

La force du témoignage

À l'inverse de ces représentations de violences gratuites, les images de guerre, de famine et d'autres horreurs du monde, présentées au journal télévisé, sont des témoignages. Elles permettent de raconter et de dénoncer. Sans images télévisées, une guerre à l'autre bout du monde serait ignorée : personne n'en parlerait.

Logos anti-violence à la TV

Depuis 1996, les chaînes de télévision doivent obligatoirement indiquer par des logos à l'écran le niveau de violence de leur programme (film ou reportage) : déconseillé aux moins de 10 ans, 12 ans, 16 ans, 18 ans, ou pour tout public.

Des images sous influences

Une prise d'otages en direct, des combats pris sur le vif... Les images ont aujourd'hui une telle importance pour influencer l'opinion publique qu'elles font l'objet de toutes les manipulations. Dans un conflit, celui qui gagne la bataille des images médiatiques, en les contrôlant en sa faveur, a déjà gagné une part de la guerre.

Des **armes** contre la **violence**

La violence n'est pas une fatalité. Il est possible d'agir sans violence contre la violence.

Une autre façon d'agir : une manifestation silencieuse.

Une manière d'être

Face à une agression, qu'il s'agisse d'injure, de menace physique ou de conflit armé, on croit souvent n'avoir qu'une alternative : le silence ou la réplique violente. C'est faux. Plus efficace que la fuite ou les coups, la non-violence est une manière de régler les conflits en les attaquant de front et ainsi de lutter contre l'injustice.

Une façon d'agir

A priori, le principe de non-violence est simple à comprendre : ne pas tuer, ne pas maltraiter. Attention! en s'arrêtant à cette seule définition, on pourrait croire qu'il s'agit d'une démarche passive qui consiste à ne rien faire ou à se contenter de dire aux autres de ne pas se battre. C'est naïf, et surtout, inefficace. S'opposer à la violence, c'est avant tout agir contre la violence.

Un acte de courage

Ni lâche, ni simplement idéaliste, la non-violence est une forme de révolte qui demande beaucoup de courage. Par exemple, il ne faut pas être peureux pour oser s'interposer entre deux personnes qui se battent dans la rue, les séparer et les raisonner. De même, il faut être courageux pour dénoncer des parents qui frappent leurs enfants. C'est toujours plus facile de ne rien dire et de ne rien faire.

La force par le respect

Il existe mille et une façons d'être non-violent : par le dialogue, par une grève, par un *boycott*, par une manifestation pacifique, par un acte de désobéissance et même par l'humour. Mais toutes ont en commun d'être fondées sur un état d'esprit et une attitude : le respect. Il consiste à considérer son adversaire comme un être humain à part entière. Respecter les autres, même ses ennemis, permet d'être respecté soi-même. Et ce n'est pas de la naïveté. C'est au contraire une véritable force que de savoir se défendre et faire valoir son point de vue en respectant son adversaire.

À partir de 1956, quelle que soit leur couleur de peau, les hommes sont libres de s'asseoir où ils le veulent dans les bus (au 2e rang, Martin Luther King).

👆 La désobéissance civile

Ce principe de lutte consiste à s'opposer à un pouvoir en refusant de suivre ses lois. Par exemple, contre les Anglais qui, en Inde, avaient imposé une taxe sur le sel, le Mahatma Gandhi organisa une marche vers la mer pour que chacun puisse prendre du sel, donc éviter de payer cet impôt injuste.

👆 Un exemple d'action non-violente

Jusqu'en 1956, les bus aux États-Unis avaient des « places réservées aux Blancs » ! Pour lutter contre ce scandale, les personnes de peau noire, avec à leur tête Martin Luther King, décidèrent de ne plus prendre le bus. Résultat : les bus roulaient à vide. Après 382 jours de *boycott*, la Cour suprême américaine déclara la ségrégation dans les bus contraire à la loi, donnant enfin l'égalité à tous les citoyens.

25

Ils ont dit « non » à la violence

Depuis le début du XXᵉ siècle, quelques grandes figures ont démontré qu'il existait d'autres voies que la violence pour trouver une solution à un conflit. Aujourd'hui encore, des femmes et des hommes, seuls ou en groupe, luttent contre la violence sous toutes ses formes.

Gandhi, une vie contre la violence
Né en 1869, avocat de profession, le Mahatma Gandhi prôna toute sa vie la non-violence comme méthode politique, notamment pour lutter contre la domination anglaise dans son pays, l'Inde. Emprisonné à plusieurs reprises pour « désobéissance civile », il organisa de multiples manifestations pacifiques. Il fut assassiné à Delhi le 30 janvier 1948.

Martin Luther King, le combat pacifique
Le nom de ce pasteur est associé à la lutte des Noirs américains pour la reconnaissance de leurs droits civiques et leur intégration dans la société américaine. Prix Nobel de la paix en 1964, ce militant mena toutes sortes d'actions non-violentes (*sit-in*, marches pacifiques, etc.). Ce disciple de Gandhi, né en 1929, fut lui aussi assassiné, le 4 avril 1968.

Médecins sans frontières

Comme toutes les organisations humanitaires qui portent secours aux plus démunis et aux victimes de guerres, l'association Médecins sans frontières (fondée en 1971) lutte par la non-violence en soignant les populations. Pour ces actions menées à travers le monde, cette organisation non-gouvernementale a reçu le prix Nobel de la paix en 1999.

Liu Xiaobo, militant chinois pour les droits de l'homme

Chaque année, depuis 1901, le prix Nobel de la paix est décerné à une personnalité ou à une institution qui milite contre toute forme de violence. En l'an 2010, ce prix a été attribué à Liu Xiaobo pour son engagement en faveur des droits de l'homme en Chine.

Dès 1989, cet écrivain a participé aux manifestations étudiantes de la place Tiananmen à Pékin qui ont été réprimées dans le sang. 20 ans plus tard, en 2009, il a été condamné à 11 ans de prison pour avoir participé à la rédaction d'un texte demandant plus de démocratie dans son pays.

Des **principes** à l'action

À défaut de pouvoir supprimer définitivement toute violence, la société peut tenter de la limiter, quitte à avoir recours elle-même à la force.

La violence s'exerce sur les plus faibles, comme les animaux. Dans des chenils clandestins, il arrive que des chiens soient enfermés dans de terribles conditions.

Un phénomène sans fin

Autant le dire sans détour : on n'en finira jamais avec la violence. D'une guerre à l'autre, du **génocide** d'une population à une autre, les leçons de l'histoire, aussi dramatiques soient-elles, ne sont pas toujours retenues. Même si les États s'efforcent, notamment à travers l'Organisation des Nations unies, de prévenir les conflits avant qu'ils n'éclatent, il est utopique de prétendre les supprimer à jamais.

Une société sans violence ?

Nos sociétés sont de plus en plus sensibles aux moindres formes de violence. C'est pourquoi on ne pourra jamais parler d'une société sans violence car, d'une époque à l'autre, les seuils de tolérance évoluent. Autrefois, par exemple, personne ne se souciait du sort des animaux maltraités. La loi actuelle interdit ce genre de comportement. Un professeur qui gifle un élève était naguère toléré, parfois même encouragé. Aujourd'hui, c'est un **délit**.

Des violences « légitimes »...

Toute violence n'est pourtant pas interdite. C'est le privilège de l'État que d'utiliser des formes de violences dites légitimes. Il s'agit d'une armée pour défendre son territoire, sa population et ses intérêts, et aussi d'une police pour maintenir l'ordre et protéger ses citoyens. Mais, pour remplir ces missions délicates, ils doivent être irréprochables, c'est-à-dire parfaitement respectueux des droits de l'homme.

... au service du droit

Par exemple, l'armée doit respecter ses prisonniers et ne pas recourir à la torture. De même, la police n'a pas droit aux **bavures**. La confiance des citoyens dans ces forces armées est le garant du bon fonctionnement de la démocratie. Et la loi est nécessaire pour interdire la violence. Car elle sert précisément à faire en sorte que chacun d'entre nous vive en communauté, dans le respect des autres.

La force policière est utilisée pour lutter contre la criminalité (ici, le trafic de stupéfiants).

Ultime recours

Toute société a besoin, pour garantir le droit de tous, de réprimer certains actes illicites. Des moyens violents sont utilisés en dernier recours – quand toutes les autres solutions ont été vainement essayées.

Dico

Bavure : se dit d'une violence provoquée par un policier dans l'exercice de sa fonction et qui est contraire à la loi.

Délit : voir définition p. 11.

Génocide : meurtres prémédités, et organisés à très grande échelle, d'un ensemble d'individus (génocide des Juifs, des Arméniens en Turquie, des Tutsis au Rwanda...).

Des actes au quotidien

Dire « non, plus jamais ça », briser la loi du silence, voilà autant d'actes individuels à la portée de chacun, qui permettent de rompre le cycle de la violence.

Témoigner

Rien de pire que le silence pour laisser perdurer des situations de violence. Or les occasions ne manquent pas de témoigner contre elles : s'associer à ceux qui dénoncent des actes de torture organisés par tel ou tel pays ; ou, plus près de chez soi, venir au secours d'un camarade victime de *racket* à l'école ou qui est battu par ses parents.

Dialoguer pour prévenir

Parce que la violence provient souvent d'une incompréhension, de mots qui n'arrivent pas à sortir et qui se transforment en coups, le dialogue est la solution la plus efficace. À l'école, par exemple, c'est en organisant des rencontres entre enseignants et élèves, pour permettre à chacun d'exprimer ses problèmes et ses incompréhensions, que l'on peut stopper ou éviter des actes violents.

Un médiateur discute avec des élèves de CM2 dans une école de Seine-Saint-Denis.

Refuser d'être victime

Quand la violence est une situation que l'on subit soi-même, le plus important est de commencer par refuser d'être victime. Savoir dire « stop! », « je ne suis pas d'accord », c'est essentiel. En même temps, il faut se faire aider par les autres. Tout seul, on est souvent démuni. Lutter contre les violences subies exige de les étaler au grand jour, en en parlant à un adulte de confiance.

Savoir être juste

Parfois, la parole seule ne suffit pas, notamment face à des jeunes très violents. Leur violence exprime un malaise profond : ils cassent, agressent parce qu'ils n'ont ni les mots, ni les moyens de leur rêve. Sans doute cette violence doit être sanctionnée, mais de façon mesurée et juste. Sinon, les jeunes délinquants ne peuvent pas comprendre le sens de la sanction. Face aux incivilités, la société doit répondre de manière civile. Hier, des personnalités comme l'écrivain russe Léon Tolstoï ou le prix Nobel de physique Albert Einstein montraient la voie d'action contre la violence. Aujourd'hui ce sont des sportifs, comme le judoka Djamel Bouras, des stars de cinéma comme la comédienne Nicole Kidman ou des musiciens comme le rappeur Puff Daddy.

🖐 Le sport qui apprend le respect

Si le football, le basket ou les arts martiaux sont souvent cités pour « canaliser » la violence de certains, c'est que le sport en général permet d'offrir, dans un cadre précis – celui des règles du jeu –, un moyen de se confronter à autrui sur la base d'un respect mutuel.

🖐 Deux numéros de téléphone à retenir

Contre la violence à l'école, le numéro vert Jeunes Violences Écoute : **0 800 20 22 23.** Contre les violences faites aux femmes : **39 19.** Ces appels sont gratuits et anonymes, 7 jours sur 7, 24 h sur 24.

Dico

Racket : voir définition p. 11.

Des **mots** contre la **violence**

« La violence a coutume d'engendrer la violence. »

Eschyle (poète grec, Ve siècle av. J.-C.)

« Celui qui a pour habitude la violence n'exercera pas la souveraineté, car les fonctions de berger ne seront pas remplies par le loup. »

Saadi (poète persan, XIIIe siècle)

« Un acte de justice et de douceur a souvent plus de pouvoir sur le cœur des hommes que la violence et la barbarie. »

Nicolas Machiavel (philosophe italien, XVe-XVIe siècle)

« Toute réforme imposée par la violence ne corrigera nullement le mal : la sagesse n'a pas besoin de la violence. »

Tolstoï (écrivain russe, XIXe siècle)

« La non-violence est la loi de l'espèce humaine comme la violence est celle de la brute. »

Gandhi (homme politique et philosophe indien, XXe siècle)

« La tendresse est plus forte que la dureté, l'eau est plus forte que le rocher, l'amour est plus fort que la violence. »

Hermann Hesse (écrivain suisse, XXe siècle)

« La violence : une force faible. »

Vladimir Jankélévitch (philosophe français, XXe siècle)

« Combattez vos ennemis, mais respectez-les. »

Martin Luther King (pasteur américain, XXe siècle)

Gene Sharp, un théoricien de la non-violence qui a influencé les révolutions

Au début de l'année 2011, les « révolutions arabes » qui ont abouti en quelques semaines et sans grandes violences à la chute des dictatures en Tunisie et en Égypte ont surpris le monde entier. Personne n'avait prévu de tels événements. Un Américain de 83 ans, Gene Sharp, pourrait se vanter de les avoir inspirées. Cet ancien professeur de sciences politiques est très connu. Il est notamment l'auteur d'une sorte de guide pratique de la lutte non-violente, tout simplement intitulé : *De la dictature à la démocratie*. Publié en 1993, ce livre a été traduit en 34 langues. Il est en accès libre sur Internet. L'un de ses principaux messages est de dire que si le peuple s'organise pour refuser de soutenir une dictature, celle-ci finit par s'effondrer. Encore faut-il adopter la bonne stratégie. Il explique par exemple qu'il ne sert à rien de combattre une dictature avec ses propres armes, c'est-à-dire avec la force. Les résistants seront forcément perdants. Gene Sharp présente ainsi 198 méthodes pour réussir une révolution non-violente.

Témoignages

Pourquoi y a-t-il de la violence ?

« Il y a de la violence parce que certains se croient plus forts que les autres. »

« La violence existe quand les gens n'arrivent plus à se parler. Comme ça les énerve, ils se tapent. »

« La violence, c'est à cause du manque de respect. Et aussi à cause de la méchanceté. »

As-tu des exemples d'actes de violence dont tu as été témoin ?

« Dans la cour à l'école, j'ai déjà vu deux garçons se battre. Ils se donnaient des coups forts. À la fin, ce sont les surveillants qui les ont séparés. »

« Moi, j'ai déjà été agressée par des mots. On m'a dit des insultes. Ça m'a blessée. J'avais envie de me défendre et de les frapper. Mais je n'ai pas répondu parce que ça ne sert à rien. »

« À la télé, j'ai vu des images d'un garçon qui avait été tué dans la rue. On voyait du sang par terre. C'était violent. »

Est-ce que l'on peut parfois justifier la violence ?

« Oui. Par exemple, pour arrêter Hitler pendant la Seconde Guerre mondiale, il a bien fallu faire la guerre. C'est de la bonne violence. »

« Les soldats américains ont tué Oussama Ben Laden parce que c'était un terroriste très dangereux qui a assassiné beaucoup de gens dans des attentats. Mais le tuer, c'est de la violence, non ? Ils ont dit : "Justice est faite !" Moi je ne trouve pas que tuer quelqu'un, ce soit de la justice. »

Penses-tu qu'il y a aujourd'hui plus de violence que dans le passé ?

« Avant, il y en avait plus. Au Moyen Âge, on pouvait se faire tuer en traversant une ville ou une forêt. Aujourd'hui, la loi interdit de tuer des gens pour rien. »

« Je pense qu'il y avait autant de violence avant mais ce n'est pas pareil. Avant, les gens se battaient pour rien, ils pouvaient être tués sans raison, par exemple par des rois tyranniques. Et puis il y avait la guillotine. Aujourd'hui, il y a encore des bagarres, mais ce ne sont pas les mêmes violences. »

Quels sont les remèdes pour éviter ou arrêter la violence ?

« Il faut discuter, négocier. »

« Il faut proposer des règles avec un arbitre. Comme dans un match de boxe par exemple : les boxeurs se battent mais à la fin ils se serrent la main. »

« Il faut arrêter ceux qui font de la violence, les empêcher de recommencer en leur faisant comprendre que ça fait mal, qu'ils n'aimeraient pas qu'on leur fasse pareil. »

Sources : Propos recueillis auprès de filles et de garçons âgés de 10 à 13 ans.
Merci à Aimie, Baptiste, Iman, Mona, Popline et Rose.

Pour aller **plus loin**

Avec des livres

Pour trouver des informations générales

Tu peux consulter des livres en bibliothèque ou dans le CDI de ton collège. Demande conseil aux bibliothécaires et documentalistes.

La Non-Violence expliquée à mes filles,
Jacques Sémelin, Seuil.
Très agréable à lire, avec des réponses bien argumentées à des questions d'enfants.

Quand les violences vous touchent,
Christine Laouénan, Maryse Vaillant, coll. « Hydrogène », de La Martinière Jeunesse.
Un ouvrage pour adolescents qui aide à comprendre les violences du quotidien et qui donne des clés pour les affronter.

La Violence, Yves Michaud,
coll. « Que sais-je ? », PUF.
Plus difficile mais bien documenté et très complet, à lire avec tes parents.

Des histoires

On n'aime guère que la paix, Alain Serres,
Jean-Marie Henry, illustré par Nathalie Novi et l'agence Magnum, coll. « Des poèmes dans les yeux », Rue du monde.
Des poèmes, d'Apollinaire à Siméon, illustrés par des photos des conflits du xxe siècle et des dessins de paix. Touchant.

Mélanie. Un ami trop proche, Carole Saksik,
illustré par Christophe Ballarin, Cdclik.
Un album pédagogique et très subtil pour prévenir les violences sexuelles.

Le Silence de Nélio, Christine Palluy, Alice jeunesse.
Un roman très juste sur la violence du racket et qui aide à lutter contre lui.

Sur Internet

Pour rechercher des informations sur Internet, il te suffit de taper une question dans un moteur de recherche. De nombreux sites en rapport avec ta question te seront proposés. Avant de les ouvrir, regarde bien qui les a conçus : ils sont plus fiables s'ils sont créés par des organismes officiels (ONU, par exemple) ou de grands médias. Wikipédia est une encyclopédie en ligne collective et libre, certes intéressante, mais dont le contenu est parfois à vérifier.

www.plus-fort.fr
Le site de l'association Plus Fort s'adresse aux enfants et aux adolescents pour leur donner différents outils pour prévenir la violence.

www.jeunesviolencesecoute.fr
Le site de Jeunes Violences Écoute s'adresse à toutes les victimes ou témoins de violences.

http://oned.gouv.fr
Le site de l'Observatoire national de l'enfance en danger recense toutes les informations, études et données sur le sujet.

www.nonviolence-actualite.org
Le site de l'association Non-Violence Actualité (NVA) est un centre de ressources sur la gestion non-violente des relations et des conflits.

www.stopviolence.fr
Le site très bien documenté de l'association Stop violence qui lutte contre toutes les formes de violence contre les enfants.

119 – Allô enfance en danger

Ce numéro vert est gratuit, accessible 24 h/24, tous les jours de l'année. Il n'apparaît pas sur les factures téléphoniques détaillées.
Tu peux composer le 119 :
• Si tu te sens menacé par des adultes ou des plus grands : si on t'insulte ou on te menace de façon répétée, si on te donne des coups, si tu subis des violences verbales, physiques ou sexuelles, si on te rackette...
• Si le comportement d'un adulte que tu aimes te fait souffrir (violences physiques, insultes répétées...).
• Si tu as un copain qui a des soucis graves et qui a peur d'en parler.

Index

CRÉDIT PHOTO

Cet ouvrage a été réalisé par les Éditions Milan

avec la collaboration de Juliette Antoine et de Karine Forest.

Conception graphique, mise en pages et couverture : Bruno Douin

Recherche et suivi iconographique : Anne Lauprête

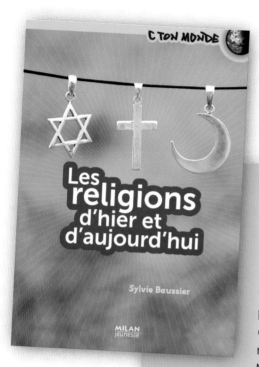

L'homme adore des dieux depuis la préhistoire! Tu as sans doute entendu parler des religions disparues, comme celles de la Grèce antique ou de l'Égypte. D'autres religions, vivantes, sont beaucoup plus proches de toi : celles des chrétiens, des juifs, des musulmans, des hindous...
Même si tu ne pratiques aucune religion, tu vis au rythme du calendrier chrétien et de fêtes telles que Noël et Pâques. Et tu vois les terribles images de guerres que des hommes mènent au nom de leurs croyances...
Ce livre te propose de découvrir comment les religions ont tenu, et tiennent encore, une grande place dans l'histoire et la vie des hommes sur toute la planète.

Sylvie Baussier est l'auteur de nombreux ouvrages documentaires pour enfants.

ISBN : 978-2-7459-4701-7

C TON MONDE

Stop au racisme

Emmanuel Vaillant

MILAN
jeunesse

Raciste, moi? jamais! Personne – ou presque – n'ose vraiment avouer être capable de paroles ou d'actes racistes. Et pourtant le racisme est un phénomène qui est toujours d'actualité et qui nous concerne tous. Mais sait-on vraiment ce qu'est le racisme? Quelles sont les conséquences pour ceux qui en sont victimes? Comment peut-on alors s'y opposer? Contre les idées reçues, contre l'ignorance, la bêtise et la peur qui entretiennent des comportements de haine, ce livre te propose des arguments clairs et précis pour ne pas être sans réaction face au racisme. Et défendre les victimes du racisme, c'est défendre les droits de l'homme.

Emmanuel Vaillant est journaliste, spécialisé sur les questions de jeunesse et d'éducation pour les titres et sites Internet de *L'Étudiant*. Il est aussi l'auteur aux éditions Milan de *L'Immigration* et de *L'Islam et les musulmans*.

ISBN : 978-2-7459-4700-0

Vache folle, organismes génétiquement modifiés, poulet aux hormones, colorants, conservateurs : comment savoir ce que tu manges? Apprends à lire un emballage, une étiquette de produit, et tu risques d'aller de surprise en surprise. Mais la nourriture, ce n'est pas que des OGM introduits dans ton assiette. Avec ce livre, tu apprendras également tous les secrets d'une bonne alimentation, celle qui donne le plein d'énergie et de vitalité. Prends ta fourchette en main pour devenir un consommateur averti et un maître de la gourmandise!

Nadia Benlakhel écrit pour diverses revues jeunesse.

ISBN : 978-2-7459-4698-0

Qu'est-ce qui est permis à ceux
que la loi appelle les « enfants »,
c'est-à-dire les moins de
18 ans? Qu'est-ce qui leur est
interdit? Qui décide de ce que tu
as le droit de faire?
Tu sais que tu n'as pas le droit
de voler, mais que se passe-t-il
si tu le fais quand même?
Tu as des devoirs, mais aussi des
droits, et heureusement ils sont
de mieux en mieux reconnus. Quels sont ces
droits? Comment sont-ils appliqués dans le monde
et en France? Où et comment sont-ils le plus
bafoués? Ce livre va t'aider à y voir plus clair
sur le respect que les autres te doivent
et sur le respect que tu dois aux autres.

Sylvie Baussier est l'auteur de nombreux ouvrages
documentaires pour enfants.

ISBN : 978-2-7459-4699-7

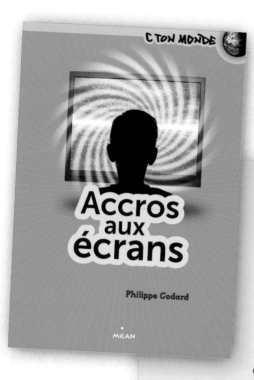

C TON MONDE

Accros aux écrans

Philippe Godard

MILAN

Les écrans nous informent, nous distraient, nous amusent. Mais, parfois, nous passons bien trop de temps devant eux. Or, ce n'est pas parce qu'ils sont séduisants qu'il faut nous laisser séduire ! Le meilleur moyen de ne pas nous retrouver « accros » est de savoir identifier le piège et d'avoir un usage raisonné des écrans.

Philippe Godard dirige plusieurs collections de documentaires pour la jeunesse chez Syros et De La Martinière Jeunesse. Auteur de nombreux ouvrages, il a récemment publié *La Toile et toi* sur Internet (Gulfstream).

ISBN : 978-2-7459-5197-7

C TON MONDE

Aujourd'hui citoyens

Gérard Dhôtel

MILAN

Il n'y a pas d'âge pour être citoyen. Écolier ou collégien, tu as déjà ta place dans la société et tu peux y jouer un rôle. Être citoyen, c'est savoir comment fonctionne notre pays. C'est comprendre qu'il existe des règles qui nous permettent de vivre ensemble. C'est aussi réfléchir aux problèmes du monde, et, pourquoi pas, s'engager pour améliorer les choses... Ce livre est fait pour t'aider à devenir un citoyen informé et responsable.

Gérard Dhôtel est journaliste spécialisé dans la presse pour enfants et adolescents. Il a longtemps été rédacteur en chef du *Monde des ados*. Il est également l'auteur de plusieurs ouvrages pour les jeunes, qui ont pour ambition de décrypter le monde et d'inciter à la réflexion.

ISBN : 978-2-7459-4890-8

C TON MONDE

Comprends mieux tes parents

Fabienne Azéma

MILAN

Mieux connaître tes parents peut t'aider à prendre du recul dans tes relations avec eux. Il ne s'agit pas ici de les juger ou de les condamner. Ils commettent parfois des erreurs, et leurs réponses ne sont pas toujours appropriées... Pourquoi refusent-ils ce que tu désires le plus? Pourquoi est-ce si difficile de parler avec eux au point que tu as l'impression qu'ils ne te comprennent pas? Pourquoi certains parents se séparent-ils?... Dans ce livre, tu trouveras des réponses qui restent différentes selon chacun et chaque histoire.

Fabienne Azéma est psychologue clinicienne, spécialisée dans le domaine de l'enfance.

ISBN : 978-2-7459-5412-1